CONSIDÉRATIONS

SUR

LA LIBERTÉ INDIVIDUELLE

ET

LA LIBERTÉ DE LA PRESSE;

PAR UN RÉDACTEUR DU JOURNAL DE *****.

~~~~~~~~~~

A PARIS,

Chez { PLANCHER, Éditeur des Œuvres complètes de Voltaire, en 35 tom. in-12, rue Serpente, n°. 14;
DELAUNAY, Libraire, Palais-Royal, Galerie de bois.

~~~~~~~~~~

1817.

Imprimerie de Mme. V^e. PERRONNEAU,
quai des Augustins, n°. 39.

AVERTISSEMENT.

LIBERTÉ INDIVIDUELLE.

Nulle question n'est d'un plus grand intérêt que celle de savoir si la France jouira, dès à présent, du droit le plus sacré qui lui soit assuré par la Charte, ou si l'exercice de ce droit demeurera encore suspendu.

Prévenu, pour la nécessité d'une suspension momentanée, par l'ardeur même que les auteurs de la loi du 29 octobre 1815 manifestaient pour notre pleine liberté; n'osant m'en fier à la loi commune pour la répression de projets que tant de circonstances peuvent favoriser; plein de confiance dans le ministère; trouvant d'ailleurs, dans le projet de loi, presque toutes les précautions compatibles avec

une pareille mesure, je me suis hâté de
me joindre aux défenseurs de cette mesure, en la considérant comme temporaire, et j'ai publié, dans un journal,
une opinion favorable à la loi.

Mais réfléchissant plus mûrement, et,
revenu d'une préoccupation dont on de-
vrait toujours se défendre quand on écrit
sur des matières graves, j'ai fixé plus fortement mon attention sur tous les dangers de l'arbitraire; j'ai cherché s'il n'y
avait pas quelque moyen de prévenir tous
les périls, sans porter atteinte à la Charte.
Ce moyen, j'ai cru le trouver; et, convaincu qu'un journal doit, comme un
avocat général, résumer fidèlement le
pour et le *contre* sur une question, sauf
à prendre ensuite ses conclusions, ou à
mettre le public à portée de conclure,
j'ai demandé que la seconde partie et
les conclusions de mon plaidoyer fussent
insérées dans le journal où j'avais fait in-

sérer la première. Ma demande n'ayant
pu être accueillie, je soumets au public
le fruit de mes réflexions sur les dangers
de l'arbitraire.

La Chambre des Pairs n'ayant point
encore prononcé, la discussion est de-
meurée ouverte; et de quelque peu de
poids que puisse être mon opinion, je ne
voudrais pas avoir à me reprocher d'avoir
traité légèrement une question de la plus
haute importance, et de ne l'avoir point
examinée sous toutes ses faces avant de
me déterminer. N'ayant à cœur que la
vérité, et n'ayant jamais écrit que d'après
ma conscience, je puis être induit en erreur
par trop de précipitation, ou par défaut
de capacité ; mais toutes les fois que je
m'en apercevrai, je me hâterai de réparer, autant qu'il dépendra de moi, un
tort involontaire, convaincu que je suis
que s'il est bon pour un écrivain de ne
se pas démentir, son premier devoir est
de ne jamais mentir. Je conserverai la

forme que j'avais adoptée, d'une lettre
au rédacteur en chef du journal qui
a inséré la première partie de mon opinion.

CONSIDÉRATIONS

SUR

LA LIBERTÉ INDIVIDUELLE

ET

LA LIBERTÉ DE LA PRESSE.

~~~~~~~~~~~~~~~~~~~~

A M. le Rédacteur du ....

Monsieur,

Un journal, au lieu de se borner à émettre l'opinion personnelle d'un rédacteur, sur les objets d'intérêt public, ne devrait-il pas presque toujours s'attacher à remplir les fonctions d'un avocat général ? Il épuiserait d'abord toutes les raisons pour et contre un projet, une mesure. Il ne négligerait rien pour rassembler et faire valoir tous les moyens à l'appui de chaque opinion, et après avoir mis ainsi le public à même de peser les

argumens opposés , il donnerait ses conclusions.

En effet , un journaliste n'est ni un avocat qui
plaide une cause par intérêt ou par devoir, ni
un juge qui a prononcé d'avance sur la question
dont il s'occupe, et qui n'a l'air de la traiter que
pour endoctriner le public. Sa feuille ne doit pas
davantage être un dépôt ouvert à l'opinion particulière de chaque rédacteur, s'il veut éviter le
reproche de légèreté et d'incohérence. Le journaliste doit, au contraire, considérer chacune des
questions qu'il a à traiter , comme un procès à
instruire en conscience, et dont il se fait le rap-
porteur auprès du public. Il conclut, en faisant
remarquer l'opinion du côté de laquelle la balance
doit pencher, et motive avec soin son jugement.

Cette manière de procéder aurait l'avantage
d'obliger les journalistes à un plus mûr examen
des objets dont ils parlent ; de les prémunir contre
les dangers de la précipitation ou de la partialité ,
et de laisser le moins de chances que possible
pour l'erreur, dans les opinions qu'ils soumettent
au public.

Si je me fusse bien pénétré de cette idée avant
de vous communiquer l'article que vous avez inséré dans votre numéro du . . . . ., sur le projet
de loi relatif à la liberté individuelle, je ne me

serais pas, comme je m'en suis aperçu trop tard, laissé dominer par une seule pensée, la crainte des factions, et j'eusse mis avec plus d'exactitude dans la balance les périls de l'arbitraire. Tel est l'inconvénient de traiter dans une feuille quotidienne des questions qu'il faut approfondir, et non trancher hardiment dans un article qu'on se hâte de composer et de livrer, de peur de perdre l'à-propos. Si j'eusse pris plus de temps, au lieu de n'envisager la question que sous une seule face, et de ne voir que la nécessité de réprimer les agitateurs, j'aurais pesé avec plus de soin sur l'intérêt de la sûreté particulière, et sur le danger de violer les premières règles de la justice.

Si vous adoptez l'idée que je viens d'émettre sur les devoirs réels d'un journaliste, permettez-moi, je vous prie, Monsieur, de faire aujourd'hui ce que je n'ai pas assez bien fait dans mon premier article. Vous m'aiderez ainsi à réparer un tort involontaire, et à mettre le public à même de juger plus sainement, en faisant mieux ressortir la vérité du sein des débats, et du fond même de la question.

J'ai présenté, avec toute l'énergie dont j'étais capable, tous les motifs qui me paraissaient favorables au projet de loi. Qu'il me soit permis de faire remarquer aujourd'hui, avec la même franchise, les inconvéniens graves que de plus mûres réflexions m'ont fait apercevoir dans ce projet. Les deux poids étant ainsi placés exactement dans la balance, il sera facile de voir de quel côté elle penchera.

Je me suis demandé d'abord comment, attaché que je suis aux principes éternels de la justice, aux idées fondamentales de l'ordre et de la liberté, j'avais pu accueillir, non-seulement sans effroi, mais même avec une sorte d'empressement, la proposition d'un arbitraire légal, les deux mots certes les moins faits pour être accouplés; j'ai cherché comment je n'avais pas tremblé à l'idée de mettre à la disposition de l'administration la liberté de tous les Français, avec la faculté de les priver indéfiniment du recours à leurs juges naturels. J'ai reconnu que la confiance pleine et entière qu'inspirent le Monarque et des ministres qui n'ont jamais séparé la cause du pouvoir de la cause publique, ne m'avait laissé voir que la sagesse et l'impartialité dans l'exécution, et m'avait masqué, pour ainsi dire, tout le mal caché dans la mesure même.

Mais l'arbitraire, en quelques mains qu'il soit placé, en serait-il moins, de sa nature, l'irréconciliable ennemi de la liberté? Parce que l'usage

en serait remis à des hommes puissans, à qui
(chose bien rare) la liberté est chère ; parce que
la suspension des garanties de la Charte (miracle
plus étonnant encore) serait demandée par des
magistrats dévoués à la Charte, cette suspension
se trouverait-elle tout à coup exempte de dangers ?

Ah ! si les ministres pouvaient nous répondre
que le Roi, qui nous chérit et nous protége, que
ses agens fidèles seront toujours là pour exercer
cette dictature au profit de nos intérêts, nous sau-
rions que les libertés dont on nous laisse l'usage
seraient toujours respectées ; que celles dont on
nous retire momentanément la jouissance nous
seraient bientôt rendues, et toute inquiétude ces-
serait. Mais qui, dans cette vie, peut nous répondre du lendemain ? Les institutions stables
ont seules un lendemain assuré. On ne jouit qu'en
tremblant des garanties qui reposent sur les personnes. Quel Français ne se promettait pas un
long âge d'or sous Louis XII, sous Henri IV et
Sully ? et cependant, combien les espérances de
nos pères furent cruellement trompées ! Serait-il
donc très-prudent de recourir à des mesures dont
l'usage est toujours si près de l'abus qu'on peut en
faire ?

De toutes les questions qui intéressent la société,
la plus importante peut-être, celle au moins que

l'on ne pourrait décider négativement sans trembler sur les suites, n'est-elle pas la nécessité de
ravir à la fois à un membre de la société sa liberté
et ses juges naturels, pour assurer la liberté,
l'existence de la société entière?

Est-il bien certain qu'il puisse jamais devenir
nécessaire d'emprisonner un prévenu, sans le
traduire dans un délai déterminé devant le tri-
bunal institué par la loi? N'est-on pas effrayé des
abus que ne peut manquer d'enfanter tôt ou tard une
pareille dérogation au plus sacré de tous les droits?

On se demande si un complot, dont il n'existe
point de preuves, peut réellement être bien dangereux; et, s'il existe des preuves, pourquoi l'on
n'invoquerait pas contre le coupable la loi qu'il
a violée, pourquoi on ne se hâterait pas de le
placer devant son juge naturel qui doit le punir?

Si la police a assez de renseignemens pour
éventer les projets d'un conspirateur, n'a-t-elle
pas en même temps les moyens de le faire épier
jusqu'au moment où les preuves qu'elle aura re-
cueillies lui permettront de le livrer aux tribunaux?

Grâces au bon génie de la France, nous ne
sommes plus dans ces temps désastreux où la
justice était vendue aux factions. Que pourrait-on
craindre des magistrats? Leur intégrité, et surtout leur indépendance, ne sont-elles pas de bons

garans pour la sûreté de l'État ? Comment, avec des tribunaux indépendans, intègres, les complots ne seraient-ils pas réprimés par le châtiment des coupables ?

Si les preuves d'une conspiration manquent, si ces preuves sont insuffisantes; si les tribunaux n'ayant pu convaincre les prévenus, sont contraints de les acquitter, leur détention, leur procès, en interrompant le cours de leurs manœuvres, en éclairant leurs projets, ne les feront-ils pas avorter ? Leur sera-t-il facile de les renouer sous les yeux de l'autorité qui, ayant l'éveil, ne cessera pas de les faire surveiller, et qui saurait bien, sans doute, les faire saisir une seconde fois, avant qu'ils pussent commettre le crime ?

Mais admettons qu'il y ait des complots de nature à ne pouvoir être révélés sans danger, des conspirateurs tellement pervers, tellement adroits et persévérans, qu'ils sachent toujours échapper aux poursuites, mettre toute surveillance en défaut, et lasser la patience et l'activité des magistrats les plus zélés. Dans ce cas, n'y a-t-il pas d'autre ressource que celle de mettre à l'avance, par une loi, la liberté de tous les Français à la discrétion du pouvoir ministériel ?

L'exemple des Romains n'est pas aussi favorable qu'on pourrait le croire, à la suspension de la loi commune. A Rome, le *caveant consules* n'était prononcé, un dictateur n'était jamais nommé que dans un danger imminent.

Ici, au contraire, les appréhensions sont vagues: on ne nous annonce pas qu'aucun complot mette la France en péril, et c'est comme précaution que la loi est demandée; mais n'est-ce pas aussi porter trop loin la prévoyance, que d'ouvrir des prisons d'état par précaution? En vain, veut-on nous rassurer, en nous promettant qu'elles resteront vides; en vain, même, le caractère des ministres confirme-t-il cette promesse? C'est toujours un grand mal que l'existence d'une prison d'état; le fantôme seul de l'arbitraire est toujours effrayant. Il est triste pour un Français, vivant sous le régime constitutionnel, de penser qu'il dépend d'un ministre de l'envoyer coucher en prison, et de l'y tenir au secret jusqu'à ce qu'il lui plaise de le relâcher. On a beau se dire qu'on est innocent, que le ministre est un homme intègre et humain, qu'on n'a rien à craindre. L'idée de la possibilité d'une erreur, d'une délation, nous trouble malgré nous, et l'on perd la sécurité, ce privilége des pays libres; cet avantage le plus précieux de tous, et dont rien ne peut compenser la perte. Quel malheur, s'il était nécessaire, et comment le supporter, s'il est inutile?

L'exemple de l'Angleterre n'est pas plus con-
cluant pour le projet de loi ; car la suspension de
la loi d'*habeas corpus*, en Angleterre, est toujours précédée d'une enquête sur la situation de
l'Etat, et la liberté de la presse toujours entière
rassure contre tout abus.

Supposerons-nous la nécessité accidentelle de
quelques détentions sans jugement ? Dans ce cas,
pourquoi ériger en loi l'arbitraire ? Qu'est-il besoin de nous ravir la garantie constitutionnelle de
notre sécurité ?

La Charte, les lois n'autorisent-elles pas le Gouvernement à faire saisir tout prévenu de conspiration ? et si des circonstances extraordinaires
ne permettent pas de le traduire devant son juge
compétent dans le délai fixé par la loi, l'Angleterre ne nous indique-t-elle pas le moyen de con-
cilier la sûreté de l'État et du Prince avec la sécurité publique ?

Là, quand le ministère croit que le salut com-
mun lui commande de s'écarter de la loi, il prend
sur lui l'exception ; il rend compte au parlement
de sa conduite, et demande un bill d'indemnité,
un acte qui mette sa responsabilité à l'abri.

Pourquoi cette marche si naturelle ne serait-
elle pas adoptée par nos ministres ? Pourquoi,
quand ils se croiront obligés de détenir un Français sans le mettre en jugement, ne le seraient-

ils pas de rendre compte aux Chambres en conseil secret, à l'ouverture de leur session, et de faire approuver leur conduite ?

On serait sûr qu'un ministre astreint à rendre compte d'une mesure extra-constitutionnelle, à en faire approuver les motifs par la législature, ne hasarderait jamais rien qui pût le compromettre ; qu'il y regarderait de bien plus près que si une loi l'autorise d'avance à faire arrêter qui bon lui semblera, et à soustraire tant qu'il voudra tout particulier arrêté à l'action de la justice. « Il vaut bien mieux, a dit un homme de beaucoup d'esprit, avec lequel nous nous trouvons d'accord cette fois, que la justice fasse la police, que de voir la police faire la justice. »

En tout cas, et de quelque manière que prononce, dans une circonstance aussi grave, la Chambre des Pairs, aucun Français ne doit être détenu sans qu'on lui communique les faits à sa charge, sans qu'on lui confronte les témoins qui l'accusent. C'est une obligation de stricte justice, de droit étroit dont rien ne peut dispenser ; c'est une dernière garantie qui peut tenir lieu de toutes les autres. Avec cette ressource, tout détenu peut espérer de faire entendre ses réclamations et d'obtenir justice. Sans cette précaution, tout recours qu'on voudra lui ouvrir vers la justice du Prince deviendra à peu près illusoire.

Je le répète, ce n'est pas l'arbitraire des ministres que je crains en ce moment, c'est l'arbitraire en lui-même, monstre dont le fantome,
l'ombre même sont hideux. Au surplus, si la
Chambre des Pairs croit la loi nécessaire, nul ne
s'y soumettra avec plus de docilité et de confiance
que moi, persuadé que je suis qu'une bonne administration corrige une loi crue mauvaise, et
que l'arbitraire n'établira jamais long-temps chez
nous son empire.

Un des Rédacteurs du Journal de ★★★★, *auteur des* Recherches sur les vraies causes de
la misère et de la félicité publique, *etc.* (1).

6 février 1817.

DIALOGUE

Entre *A* et *B*, *sur la Liberté de la Presse
et les Journaux.*

*Réflexions en faveur des Projets de Lois, contre la Licence
de la Presse et des Journaux.*

A. Que de brochures, que d'articles de journaux de-
puis vingt-cinq ans, sur la liberté de la Presse! Ne pour-

(1) Brochure in-8°. Chez Picard Dubois libraire, quai des
Augustins, n°. 47.

rait-on pas cependant éclairer encore cette question
de quelques vues nouvelles ? On a prouvé , et il
n'était pas difficile d'y réussir , que la liberté d'écrire
était un puissant auxiliaire pour nos autres libertés ;
mais a-t-on, dans les débats ouverts jusqu'à ce jour,
examiné la question sous toutes ses faces ? A-t-on
surtout sondé à une profondeur suffisante les plaies
que creuse la licence des écrits, plaies qu'il faut
cependant scruter à fond, si l'on veut, si l'on doit
se décider sur l'emploi des curatifs ? Les avantages
de la Presse libre sont trop évidens : appuyer beaucoup sur ces avantages , c'est presqu'une occupation
oiseuse. A quoi bon insister pour réclamer le libre
usage de la Presse , quand tout le monde est d'accord? Mettre fidèlement dans la balance tout le poids
des dangers de l'abus , c'est, à ce qu'il nous semble,
être plus utile, s'il est essentiel maintenant de bien
s'entendre sur la nécessité et sur la nature des pré-
servatifs. Il en est de toute liberté comme d'un fruit
savoureux *qui se recommande assez de lui-même*
au goût. Mais les précautions contre les excès res-
semblent aux amers. Il faut bien convaincre de leurs
bons effets ceux à qui on veut en faire adopter
l'usage.

C'est sans doute avec raison que l'on croit la liberté
de la Presse intimement liée à la liberté publique.
Comment en effet celle-ci pourrait-elle se maintenir
contre les complots des factions, contre les sourdes
attaques du pouvoir, s'il n'était pas permis de dé-
noncer les uns et de dévoiler les autres ? La liberté

de la Presse remplace chez les peuples modernes ces orateurs de l'antiquité, toujours prêts à accuser les ennemis de la patrie ? Une feuille sortie de l'atelier d'un imprimeur, supplée le forum romain ou la tribune d'Athènes. Cette feuille fait trembler l'agent du pouvoir dont elle démasque la perfidie et la corruption. Elle intimide le séditieux qui cache des projets coupables sous un langage hypocrite. Elle indique à l'administration des mesures utiles. Elle peut prévenir ou réprimer l'abus le plus funeste à l'Etat, le mauvais usage des deniers publics, le gaspillage de ces contributions, fruit des sueurs de l'homme laborieux, et dont il n'entend jamais faire le sacrifice qu'aux besoins réels de son pays. Enfin, la Presse ouvre à l'opprimé un recours contre l'injustice étayée de la puissance. Ses immenses avantages pour la culture de l'intelligence ont été assez célébrés.

Mais si la Presse offre son secours à l'homme intègre, à l'ami courageux de son pays, prêt à tout braver pour en défendre les lois, elle prête aussi ses armes dangereuses à l'écrivain fanatique ou vénal, dont les fureurs méditent la ruine de sa patrie, ou dont la cupidité vend à l'ambition les traits acérés du sophisme, les poisons de la calomnie. Quand toutes les passions ont été déchaînées, quand l'intérêt est à la solde du crime, lorsque des doctrines perverses ont long-temps égaré les esprits, et que la crainte toujours si crédule ouvre les cœurs à toutes les impressions, que de maux la licence de la Presse ne peut-elle pas produire ?

Jugeons-en par ceux dont nous fûmes les victimes. Levons pour un moment ce voile dont nous voudrions que le passé restât couvert, et reportons les yeux sur les fureurs sanglantes de l'anarchie, quand, préchée par des écrivains incendiaires, elle renversait le trône et les autels, pour recommander, comme une religion *nouvelle*, le devoir du meurtre et du pillage.

En vain a-t-on comparé cent fois la presse à la lance d'Argai qui guérissait les blessures qu'elle avait faites. En vain s'est-on tué à répéter que le meilleur remède à sa licence était sa liberté. Rien de plus faux que ces axiomes, si la nécessité de punir les délits de la presse est partout reconnue ; car il est constant dès-lors, qu'un écrit où l'on prêche le respect des lois et la vérité, ne guérit pas le mal causé par un autre écrit voué à la sédition et au mensonge. Les passions en effet ne recherchent, on le sait trop, que les ouvrages qui leur sont adressés, et les bons écrits n'arrivent qu'aux honnêtes gens qui n'en ont que faire.

La décision d'une question aussi importante pour l'ordre social dépend beaucoup des principes d'où l'on part, du point de vue où l'on se place pour l'examiner.

Si l'on renferme l'homme dans le cercle si étroit de cette vie, et la société dans les intérêts matériels de ce monde ; si on ne lui reconnaît d'autre dignité que l'essor brillant de l'intelligence, et qu'on ne lui assigne d'autre avenir qu'une perfectibilité indéfinie ; comme l'espoir des bienfaits de cette perfectibilité ne

change rien à l'état des choses , il faut bien transiger
avec le désordre, l'admettre forcément au nombre des
élémens de la; société. On arrive ainsi à croire que
les biens et les maux , les vertus et les vices se com-
pensent et se mettent en équilibre avec le temps. On
s'effraie peu des maux présens , quelque terribles
qu'ils soient; de la licence, quels qu'en soient les excès.
On a toujours pour se consoler la perspective d'un
mieux qui réparera tout.

Veut-on , au contraire, trop serrer les liens du ciel
avec la terre , trop isoler l'homme des intérêts de ce
monde , appliquer de trop près aux affaires et aux
lois de la société la morale sublime qui tend à nous
détacher de tout dans le présent pour ne nous occuper
que des grands interêts d'un avenir immortel ? Alors
une résignation pusillanime , une abnégation de soi-
même qui va jusqu'à l'abdication de tout sentiment
noble , et qui efface dans l'homme jusqu'à sa moralité,
paralysent toute activité, interdisent tout essor, ar-
rêtent dans son principe tout mouvement énergique ,
toute inspiration grande et belle.

L'idée de l'ordre se confond avec le maintien de tous
les abus , avec la nécessité de tous les sacrifices pour
les uns , de tous les avantages pour les autres. Tout est
immolé au besoin de conserver ce qui existe. La
crainte du désordre le perpétue , et la société entière
ressemble à un malheureux dont rien ne peut alléger
les chaînes.

Mais , si également éloigné de méconnaître le prix
inestimable des lumières et de leur progrès , l'impor-

tance du perfectionnement de la raison, et de la con-
damner à un silence stupide, à des chaînes éternelles,
on s'abstient à-la-fois de déifier l'esprit humain, de
lui confier aveuglément nos destinées, et de lui con-
tester sa puissance réelle et son heureuse influence
sur notre bonheur ; si on admet le concours de nos
intérêts pour cette vie avec des espérances plus rele-
vées qui épurent et modèrent nos passions; si l'on
veut que les uns servent d'aiguillon à notre activité,
et les autres de frein à nos désirs, que, sans perdre
de vue des intérêts d'une plus haute importance, la société travaille sans cesse à améliorer l'existence actuelle de ses membres ; alors, sans cesser d'accueillir
avec empressement les moyens de hâter nos progrès,
on s'effraie davantage des dangers d'une aveugle im-
pétuosité, des écarts de la licence : on craint beaucoup
plus de n'éviter la torpeur de l'esclavage que pour
tomber dans l'abîme de l'anarchie ; on ne prend pas
des espérances qui peuvent être illusoires pour une
compensation à des maux effroyables.

Dans ce point de vue on pèse plus mûrement toutes
les conséquences des abus de la Presse, et le dérégle-
ment des opinions ; la discorde, le désordre où ils en-
traînent apparaissent comme des fléaux dont les ravages
ne peuvent se calculer.

On voit que si la punition des coupables en dimi-
nue le nombre, elle ne remédie cependant pas au péril. Le mal est fait quand l'auteur est puni ; et il n'en
est pas de ce mal comme de celui qu'occasionne un
délit privé, qui ne blesse que des particuliers. Les

délits de la Presse compromettent imminemment, et toujours la sûreté, ou du moins l'ordre publics.

S'ensuit-il de toutes ces considérations, qu'il faille renoncer aux avantages de la liberté de la Presse ? on nous aurait bien mal entendus, si on nous supposait cette idée. Personne ne sent mieux que nous combien il importe qu'une voie soit toujours ouverte aux vérités utiles, aux réclamations nécessaires; que la Presse ne soit jamais esclave, si l'on veut une garantie certaine pour toutes nos libertés. En insistant fortement sur les dangers de l'abus, nous n'avons voulu que prouver d'autant mieux la nécessité de régler l'usage, et de marquer à la liberté de la Presse les limites au delà desquelles elle dégénérerait, comme toute espèce de liberté non réglée par les lois, en une funeste licence.

Ces limites sont faciles à reconnaître. En tout État bien ordonné, les religions autorisées, les mœurs et la morale, la constitution, les lois, la stabilité du gouvernement; l'autorité souveraine et ceux qui en sont revêtus sont sacrés, comme bases de l'ordre public. Quiconque porte atteinte, par ses écrits, à ces institutions saintes, doit être puni ; et si le premier soin, comme le premier devoir du Gouvernement, est le maintien de l'ordre, il faut bien lui accorder le pouvoir d'empêcher la circulation d'un écrit pernicieux, comme on lui accorde celui de s'opposer au débit d'un poison : interdiction dont il ne pourrait s'abstenir sans danger, sous prétexte que les contre-poisons sont à la disposition de tout le monde. C'est aux tribunaux à prononcer sur les erreurs qui pourraient lui échapper, ou dans lesquelles des délations intéressées pourraient faire tomber ses agens : des tribunaux indépendans sont toujours les meilleurs garans de nos libertés et de l'ordre public. Il nous paraît donc difficile de ne pas reconnaître que le projet de loi qui autorise la saisie des ouvrages, sauf le recours aux tribunaux, a posé les limites naturelles de la liberté d'écrire.

Quant aux journaux, une loi temporaire est proposée, pour les excepter du régime de la liberté, et les soumettre encore à une censure préalable. On ne s'attend sûrement pas à trouver dans ma bouche l'apologie d'une mesure qui, quelque modérée qu'en puisse être l'application, aura toujours pour effet de restreindre ma liberté, comme journaliste. Tout écrivain, qui peut se rendre le témoignage de son attachement au Roi et à son auguste famille, à la Charte, aux principes d'une sage liberté, exerce lui-même sur ses écrits une censure qui ne laisse rien à faire à l'autorité ; mais on craint le mal que pourrait faire un journal qui ne serait pas animé du même esprit, quand il peut avoir en un jour cent mille lecteurs ; on craint que ce mal ne soit irréparable, et nous ne pouvons prétendre que cette crainte soit tout-à-fait mal fondée. On pourrait dire, en faveur de la liberté des journaux, que ces feuilles ne portent pas seules le poids des crimes de l'anarchie ; que sans doute la puissance de la parole, celle des dénonciations, des déclamations dans les clubs,

dans les assemblées publiques, ont fait beaucoup plus
de mal que les journaux. Mais ceux qui pensent qu'ils
ont besoin d'être surveillés, répondent que si l'absence
de ces réunions, instrumens de troubles, si terribles
dans les mains des séditieux, est un grand bien; si
un journal lu isolément est moins dangereux qu'une
feuille commentée dans cinquante mille tribunes par
des démagogues forcenés, le poison, pour être moins
violent, n'en produirait pas moins un effet funeste.
On trouve d'ailleurs dans la nature des choses, dans
celle des fonctions essentielles du Gouvernement, une
raison que l'on croit péremptoire pour la surveillance
des journaux avant l'impression. C'est le droit incon-
testable qu'à le Gouvernement d'arrêter la circulation
de tout ce qui peut nuire au public ; droit qu'il peut
toujours facilement exercer sur un ouvrage mis en
vente, et dont l'exercice devient impossible à l'égard
des journaux, par le fait de leur distribution quotidienne aux souscripteurs.

Sous ce point de vue, l'examen préalable des feuilles
périodiques paraît nécessaire pour suppléer le droit de
saisie à l'application duquel le mode de leur distribution les soustrait.

Réflexions à l'appui de la Liberté complète de la Presse et des Journaux.

B. La discussion sur la liberté de la Presse et des journaux, telle qu'elle a eu lieu dans quelques feuilles, dans quelques brochures et à la Chambre des Députés, a présenté un spectacle aussi neuf que curieux. Les principes constitutionnels, dans toute leur pureté, dans toute leur énergie, le langage de la raison, de la liberté, avec tout le piquant, toute l'originalité qu'y peut ajouter l'esprit français, se sont trouvés dans la bouche, non-seulement d'hommes connus pour l'indépendance de leur opinion, mais d'orateurs qui naguères encore faisaient entendre de tout autres accens. Qu'importe, au surplus, que l'intérêt particulier dicte ou non un langage d'accord avec les principes et avec l'intérêt général ? Honneur aux principes qu'on invoque toujours quand on se croit en danger ! Ceux qui défendent la liberté, mère de toutes les vertus, quand elle a fait alliance avec l'ordre et les lois, lui rendent toujours hommage, soit qu'ils la veuillent uniquement pour eux-mêmes, soit qu'ils l'invoquent sincèrement pour tous. Le danger dont ils se croient menacés leur apprend que, pour n'être point opprimés, il faut renoncer à opprimer les autres, et que les priviléges sont des armes à deux tranchans, qui peuvent blesser demain ceux qui croient aujourd'hui pouvoir s'en attribuer exclusivement l'usage.

Frappé des dangers de la licence de la Presse, dangers dont nous sommes avertis par de si terribles exemples, redoutant comme irréparable le mal que peut causer un journal lu en un jour par cent mille individus, vous avez appuyé avec énergie sur toutes les réflexions qui vous ont paru favorables à une répression sévère des délits de la Presse et à la censure des journaux.

La discussion m'a fait réfléchir mûrement, et a donné un autre cours à mes idées. Permettez-moi de vous les exposer franchement.

Convaincus comme nous le sommes tous deux de la pureté de nos intentions; n'ignorant pas combien la vérité est difficile à rencontrer sur des questions délicates dont les faces diverses peuvent varier si souvent avec les circonstances, nous soutiendrons chacun notre opinion avec fermeté, mais sans aigreur, et sans nous étonner de la divergence de nos vues : assurés que nous sommes de nous rapprocher toujours par la conformité de nos sentimens, par le zèle bien désintéressé dont nous sommes également animés.

Ma confiance dans les ministres dépositaires de celle de notre Prince, et qui en ont fait jusqu'à ce jour un si bon usage, est toujours égale à la vôtre. Mais je commence à craindre, je l'avoue, qu'ils ne se trompent sur les moyens de faire prévaloir la Charte contre les partis, et à douter que, pour la faire triompher et chérir, il soit nécessaire de commencer par en retrancher provisoirement toutes les garanties. Je tremble sur le danger de mettre celle que nous offrent les personnes à la place de celles que nous assurent les institutions.

Je vois que nous avons des tribunaux d'exception, qu'on nous propose d'accorder aux ministres une autorisation indéfinie pour des détentions sans jugement. La liberté de tous les Français, si la résolution est adoptée par les pairs, se trouve ainsi à leur discrétion. Que nous restera-t-il donc, si les journaux sont aussi en surveillance, s'ils sont placés sous la dépendance absolue de l'administration et de ses censeurs ?

Eh ! ne nous reste-t-il pas, dira-t-on, la liberté des opinions dans les deux Chambres, et la liberté de la presse pour les écrits non périodiques ? Si nous ne vivions pas sous le gouvernement d'un Roi dont la sagesse et la bonté sont connues par tant d'éclatans témoignages ; si l'administration n'était pas entre les mains de ministres dont l'intégrité, les lumières, les excellentes intentions sont éprouvées, nous rappellerions ce que sont devenues la liberté des discussions dans les Chambres, et la liberté d'écrire, toutes les fois que les personnes ont été mises à la discrétion de la police, et qu'on a porté atteinte à la franchise des journaux. La législature et la presse n'étaient-elles pas libres, lorsqu'après les orages de la révolution, il s'était établi des gouvernemens avec une apparence de régularité ? Sous le Directoire, sous le consulat de Bonaparte, le salut de l'Etat fut aussi le motif qui fit suspendre les garanties des Constitutions du temps à l'égard de la liberté des personnes et de celle des journaux. Les discussions des conseils, celles du tribunat, la presse restaient libres en apparence. On sait ce que devinrent bientôt et les Constitutions du temps, et l'indépendance des législatures , et celle de la Presse. On sait aussi où la ruine successive de toutes nos libertés nous avait conduits. Si les ministres pouvaient nous répondre que l'administration sous laquelle nous avons le bonheur de vivre, sera toujours là pour prévenir les abus , pour protéger celles de nos libertés dont on nous laisse le plein usage, et nous ménager la prompte restitution de celles que l'on ajourne, assurément on ne concevrait pas d'alarmes, on serait beaucoup moins inquiet ; mais peut-il y avoir pour nous d'autre garantie certaine que la Charte et ce qu'elle a consacré ? Que les ministres veüillent donc peser encore plus attentivement toutes les conséquences d'une suspension simultanée des garanties les plus essentielles des libertés, auxquelles est évidemment attaché le sort de la liberté publique. Je sais combien l'esprit de faction est redoutable ; mais ne saurait-on y opposer que des remèdes dangereux ? Le vœu bien connu de la France , le cri de l'opinion publique ne sont-ils pas pour le Gouvernement un appui plus certain contre les factions , qu'un arbitraire et des prohibitions dont l'abus est toujours si près de l'usage ? Comment la Presse pourrait-elle être long-temps libre , malgré les meilleures intentions de l'autorité, si un auteur a toujours à craindre que les journaux ne tuent ses écrits par la satire ou par le silence ; que des délations insidieuses n'arrachent au ministre le plus éclairé et le plus intègre, l'ordre de le priver de sa liberté ? Des craintes du même genre ne finiraient-elles pas à la longue par anéantir la liberté des Chambres ?

S'il peut y avoir un danger réel à laisser à la fois subsister, dans toute leur plénitude, les deux garanties principales de la Charte, celle de la liberté individuelle, et celle de la liberté entière des opinions dont les journaux sont aussi les organes, au moins faudrait-il opter, et ne suspendre que l'une des deux, afin que celle dont on jouirait prévînt tout abus dans la suspension de celle dont on aurait à supporter la privation momentanée; mais les perdre toutes deux à la fois serait trop risquer et serait aussi trop douloureux.

La plus précieuse de toutes nos libertés, celle dont la jouissance assurée peut garantir la durée ou le prompt retour de toutes les autres, paraît être au premier coup d'œil la liberté de nos personnes, et il serait bien à désirer, sans doute, que l'on pût, avant tout, se promettre de n'être jamais arrêté que pour être jugé par ses juges compétens. Mais peut-être, en y réfléchissant davantage, la franchise des journaux offre-t-elle encore une garantie plus importante, puisque des journaux libres révéleront toujours les atteintes abusives qu'on porterait à la liberté des personnes, à celle de la Presse, à celle des Chambres.

On craint que les journaux livrés à eux-mêmes ne deviennent les échos des factions, les instrumens les plus actifs des partis, qu'ils n'entretiennent la discorde, et qu'en enflammant les passions, ils ne nous préparent encore de nouveaux troubles.

Mais quand les journaux se sont montrés factieux, incendiaires, que l'on songe que l'autorité avait perdu sa force, que l'anarchie était déjà dans l'Etat, et qu'ils avaient, à la fois, le parti dominant et le parti opposant pour complices et pour appuis ; qu'on se rappelle qu'il n'y avait pas de loi contre les délits de la Presse, que les tribunaux étaient vendus aux factions; que dans cent mille tribunes de sociétés populaires, de comités, ou d'autres assemblées publiques, la feuille du jour n'était qu'un texte de déclamations, texte commenté par un million d'orateurs, dont l'éloquence vénale ou furibonde en imposait à un peuple effrayé ou séduit. Déjà sous le Directoire, quand les clubs furent fermés, l'influence des journaux fut sûrement bien moins rapide et moins désastreuse. Dès que l'autorité eut été concentrée dans ce gouvernement, quelque irrégulier qu'il fût, il devint assez fort pour comprimer les journaux, dont le consulat s'empara à son tour. N'eût-il pas été encore plus facile à ces deux gouvernemens de réprimer la licence de journaux, sans les asservir, s'ils eussent voulu provoquer des lois contre les délits de la Presse ? Et maintenant que la force du gouvernement s'est accrue de tout notre amour pour la légitimité, devenue pour la France une religion politique ; maintenant qu'à cette vigueur morale, se joint celle d'une constitution pleinement représentative, qui consolide la liberté par l'ordre, et l'ordre par la liberté, qui oppose aux factions, avec l'action de l'autorité royale, tout le poids de la sagesse d'une aristocratie légale et héréditaire, d'une Chambre des Pairs, institution conservatrice qui a manqué aux gouvernemens transitoires nés de la révolution ; maintenant que le pouvoir monarchique est étayé du dévouement des deux Chambres, du vœu unanime de la nation ; maintenant, enfin , qu'aucun écrivain ne dispose plus d'une foule de tribunes pour y faire interpréter ses feuilles comme des oracles , et exciter dans les esprits une funeste fermentation : peut-on croire à l'impossibilité de contenir des journalistes dans les limites des lois et de la modération, sans les priver de la liberté ?

Qu'un journaliste essaie aujourd'hui d'écrire contre l'intérêt général, contre la Charte, contre les religions et le pouvoir monarchique qu'elle consacre, même contre l'administration ; qu'il essaie de prêcher des doctrines pernicieuses : on verra bientôt l'opinion générale le frapper d'anathème , et le public rejeter sa feuille comme on rejette un odieux poison.

Est-il donc d'ailleurs si difficile de faire une loi qui précise les délits de la Presse , de manière à mettre en défaut l'astuce des écrivains les plus pervers , les plus habiles ?

La difficulté n'existe réellement que pour les nouvelles et la critique des projets et des mesures de l'administration. Mais les journalistes peuvent être astreints à indiquer les sources où ils puisent leurs nouvelles ; et au surplus, si la situation actuelle de la France, ne permettait pas d'abandonner l'insertion des nouvelles à la discrétion des journaux, on pourrait, pour un temps , réserver au Gouvernement le droit d'examen préalable ; pour cet objet seulement et dans cet examen, je comprends ce qui concerne les

subsistances. Quant à l'émission des opinions sur les
projets et les mesures de l'administration, si elle
était interdite, il n'y aurait plus aucune liberté,
plus de garantie contre les erreurs et les abus. L'apologie de ministres tels que les nôtres sera toujours
facile, et elle ne manquera pas d'organes dans les
journaux même. Est-il impossible d'ailleurs que la
loi distingue assez clairement une discussion libre,
mais décente et raisonnée, d'avec les satires, les
diatribes et les déclamations qui, sous prétexte de
discuter les actes de l'administration, exciteraient à
la désobéissance, au mépris de l'autorité? Les ministres ne pourront-ils pas saisir le journal, le suspendre, et traduire les auteurs devant les tribunaux? et
des tribunaux indépendans, voués au Roi et à la
Charte, ne feront-ils pas bonne justice des écrivains
incendiaires ou payés pour nuire? Ne seront-ils pas toujours, à cet égard comme en toute occasion, les
plus sûrs garans de l'ordre public et des droits des
particuliers?

Que chaque entreprise de journal soit assujettie
à un cautionnement qui réponde du paiement des
amendes ; que de fortes amendes et l'emprisonne-
ment soient prononcés par la loi contre les journalistes, en cas de délit, soit contre l'ordre public,
soit contre les particuliers, et l'on verra si les journalistes se hasarderont si facilement à attirer sur eux
la sévérité des tribunaux.

On a invoqué pour eux le droit de propriété,
et l'on a eu raison, si les journaux sont déclarés

libres : dans ce cas l'entreprise d'un journal est une industrie qu'il est permis d'exercer, en se conformant aux lois générales de police, et dont on ne peut être légalement privé sans indemnité préalable. Mais cet exercice peut être suspendu par l'autorité, comme la vente d'un ouvrage, quand elle établit contre l'entreprise ou l'auteur la prévention de délit, sauf au t ibunal compétent à ordonner la restitution de l'ouvrage, ou la continuation du journal, s'il juge qu'il n'y a pas délit, ou que les entrepreneurs, après avoir subi leur peine, peuvent reprendre l'exercice de leur industrie. La suppression d'un journal par voie administrative est donc contraire à tous les principes.

Je sais que le mal qu'aura fait un article dangereux n'en aura pas moins produit son effet quand le journal sera saisi et suspendu. C'est un inconvénient assez grave sans doute ; mais enfin, la mauvaise impression qu'un article de journal peut produire sur quelques milliers de lecteurs isolés les uns des autres, n'est pas tout-à-fait sans remède : un seul mauvais article de journal n'excitera sûrement pas une sédition ; et ce mal, quelque fâcheux qu'il puisse être, peut-il l'emporter sur tout le bien que produit la liberté des journaux ? Croira-t-on que les émeutes fussent si faciles en Angleterre, si les factieux n'avaient que des journaux pour trompettes, et s'ils ne pouvaient parler à leurs concitoyens assemblés ?

Laissons donc subsister la liberté des journaux ;
si nous voulons qu'aucun abus ne puisse prendre
racine ;. et qu'une loi bien faite , que le juri et des
tribunaux indépendans répriment sévèrement les délits de la Presse.

FIN.